CHAMBRE DES EXPERTS

DE L'ARRONDISSEMENT DE LAVAL

RÉVISION DES USAGES RURAUX

CONTRE-RAPPORT

ET OBSERVATIONS

ADRESSÉS A LA SOUS-COMMISSION DU CANTON OUEST

Par la Chambre des Experts de l'arrondissement de Laval, en réponse au Rapport de Me RAMARD, Notaire à Laval, concernant les modifications à apporter aux Usages ruraux de l'arrondissement de Laval élaborés par la Chambre des Experts en son Assemblée générale du 29 Décembre 1900.

Lire les observations faites à la page 10, concernant l'**Article 55**

LAVAL

CHAILLAND, IMPRIMEUR-LIBRAIRE

Rue des Béliers, 2 (Place des Arts).

CHAMBRE DES EXPERTS

DE L'ARRONDISSEMENT DE LAVAL

RÉVISION DES USAGES RURAUX

CONTRE-RAPPORT

ET OBSERVATIONS

ADRESSÉS A LA SOUS-COMMISSION DU CANTON OUEST

*Par la Chambre des Experts de l'arrondissement de Laval,
en réponse au Rapport de Me RAMARD, Notaire à Laval,
concernant les modifications à apporter aux Usages ruraux
de l'arrondissement de Laval élaborés par la Chambre des
Experts en son Assemblée générale du 29 Décembre 1900.*

Lire les observations faites à la page 10, concernant l'**Article 55**

LAVAL

CHAILLAND, IMPRIMEUR-LIBRAIRE

Rue des Béliers, 2 (Place des Arts).

RÉVISION DES USAGES RURAUX

CONTRE-RAPPORT

ET OBSERVATIONS

Au Rapport de M⁰ Ramard

Lorsqu'à la fin de l'année 1899, Monsieur le Préfet de la Mayenne nomma les commissions et sous-commissions chargées de la révision des Usages ruraux, les Experts de l'arrondissement de Laval, qui venaient de se constituer en Chambre avec approbation de l'administration, furent singulièrement surpris de se voir écartés, même à titre consultatif, desdites commissions alors que leurs confrères des arrondissements de Château-Gontier et de Mayenne étaient appelés à en faire partie (1).

Cette exclusion, qui, aux yeux de beaucoup de personnes compétentes, parut injustifiée, nous suggéra l'idée de faire œuvre utile au début de notre Société, en mettant à profit le concours de tous ses membres, la longue habitude des affaires que possèdent la plupart d'entre eux et la pratique constante de toutes les

(1) Si quelques Experts ont pu siéger au sein des sous-commissions, ils ont été convoqués non en raison de leur profession, comme à Château-Gontier et à Mayenne, mais comme propriétaires ou délégués des Maires.

questions agricoles; cela, non dans le but de légiférer, comme nous l'aurait reproché Monsieur le Président du Tribunal, mais seulement pour remettre au point certains articles des anciens Usages tombés en désuétude par suite des progrès au moins relatifs de l'agriculture ; pour préciser d'autres articles un peu obscurs, dont l'interprétation prêtait à la discussion et entraînait parfois des difficultés entre confrères ; pour, en un mot, faciliter, autant que possible, les relations des fermiers avec les propriétaires, et celles des fermiers entre eux, surtout en cas d'entrée et de sortie.

La Chambre des Experts de l'arrondissement de Laval a consacré à cette étude plusieurs séances plénières; il en est résulté le travail qui, sous le titre : *Usages ruraux de l'arrondissement de Laval, révisés par la Chambre des Experts dans son assemblée générale du 29 décembre 1900*, a été, par les soins de son secrétaire, remis à Monsieur le Préfet et aux commissions nommées.

Quel a été l'accueil fait à cette brochure par les commissions? La Chambre des Experts l'ignore, puisque leur accès lui en a été interdit; cependant il n'est pas passé inaperçu, car il a été l'objet de plusieurs critiques et rapports : ceux de Mᵉ Avril, notaire à Chailland; de Mᵉ Thuau, notaire à Meslay; de Mᵉ Ramard, notaire à Laval.

Dans sa séance générale du 29 avril, la Chambre des Experts de l'arrondissement de Laval a pensé qu'elle ne devait pas laisser sans réponse le travail de Mᵉ Ramard, tant à cause des erreurs et des exagérations qu'il contient que des insinuations quelque peu hostiles dont sont l'objet les membres de notre corporation.

M⁰ Ramard rappelle, au début de son rapport, les observations que M. le Président du Tribunal civil adressait aux commissions cantonales, « *en faisant remarquer que la Chambre des Experts, au lieu de borner son rôle à recueillir les Usages ruraux existants, a cru devoir décréter des Usages ruraux; en un mot légiférer, travail qu'elle n'avait aucune qualité pour entreprendre, et en insistant d'une manière toute particulière sur les rôles des commissions cantonales, leur rappelant qu'il ne leur appartenait pas de faire œuvre de législateurs, que leur rôle se bornait à recueillir et constater les usages actuellement suivis dans leurs cantons respectifs, sans y apporter aucunes modifications, quelles qu'elles soient, et si désirables qu'elles puissent leur paraître* » (1).

Partant de ce principe, M⁰ Ramard se contredit lui-même en présentant des Usages ruraux pour l'élaboration desquels, tout en se tenant, dit-il au nom de la sous-commission, « *scrupuleusement dans le rôle qui lui avait été si justement limité par son éminent Président, M. Bordeaux-Desbarres* » (2), il ne dédaigne pas de faire de nombreux emprunts au travail des Experts, complétant le tout par des modifications et adjonctions qui lui sont personnelles.

Un simple examen des articles modifiés dans le travail de M⁰ Ramard permettra d'en juger :

CHAPITRE I⁰ʳ

SECTION I. — *Art. 1⁰ʳ.* — M⁰ Ramard porte de six mois (anciens Usages) à un an le délai prescrit pour faire cesser la tacite reconduction; la Chambre des

---

(1-2) Voir rapport de M⁰ Ramard,

Experts avait cru sage de le fixer à dix mois comme dans l'arrondissement de Château-Gontier. Il admet, comme les Experts, la prohibition pour le fermier de cultiver des terres étrangères, même les siennes, sans le consentement par écrit du propriétaire.

Art. 3. — Même conformité de vue relativement à la fourniture des verres, à l'entretien des bouches de drains, du pressoir; à la vente des pierres récoltées sur la ferme; mais M° Ramard supprime une partie de phrase, « aux pavés et carreaux des chambres et greniers, **lorsqu'il y en a seulement quelques-uns de cassés** ». M° Ramard a écrit « *lorsqu'il y en a de cassés* ». Cette suppression peut être interprétée dans un très large sens au profit du propriétaire et aggraver les charges du fermier.

Art. 7 et 8. — M° Ramard complète les articles des anciens Usages par l'énumération des travaux pour lesquels le fermier ou colon doit le trempage de soupe et l'approche des matériaux. Avec une rédaction différente il adopte l'art. 7 modifié par la Chambre des Experts.

Art. 9. — M° Ramard rejette la modification apportée par les Experts « **trois journées de charrois** » au lieu de trois charrois; cette modification était dictée par l'expérience et dans le but de supprimer une cause de difficultés entre propriétaires et fermiers.

Art. 10. — Adjonction « **des ajoncs de deux ans,** etc », adoptée par M° Ramard en conformité de la décision de la Chambre des Experts.

Art. 13. — Le rapporteur de la sous-commission du canton Ouest omet, comme les Experts, la clause relative au décès du colon partiaire, en portant toutefois à douze mois le laps de temps à courir entre le décès et l'époque du 23 avril au 1er novembre.

SECTION III. — *Art. 16.* — M° Ramard emprunte aux Usages révisés par les Experts ce qui a trait aux luzernières.

Art. 17, 18 et 20. — Il rejette toutes les modifications introduites par la Chambre des Experts, pour rééditer les articles des anciens Usages. Tous les agriculteurs sérieux se rangeront plutôt à l'avis des Experts et reconnaîtront que les sommes indiquées pour l'emploi des engrais étrangers sont un minimum pour répondre au besoin qu'ont nos terres de fortes fumures, sans qu'elles soient une charge déraisonnable imposée aux fermiers. Cette observation s'applique également et mieux encore peut-être à la fumure des prairies dont il est parlé à l'art. 25.

Art. 19. — L'expérience et l'usage sont là pour justifier l'addition faite par les Experts de semer, par hectare, deux hectolitres « **au moins** » de froment, seigle, orge et avoine, tandis que M° Ramard fait sans raison de cette quantité un maximum.

Art. 21. — Les additions faites par la Chambre des Experts sont acceptées par M° Ramard.

SECTION IV. — *Art. 24.* — Puisque M° Ramard, nous l'avons vu déjà, faisait un certain nombre d'emprunts au travail des Experts, il eût dû, dans l'intérêt des fermiers et des terres, persévérer dans cette ligne de conduite à propos de l'art. 24 en adoptant la modification apportée par notre Chambre, à l'entretien des grands fossés mis par elle à la charge des propriétaires.

SECTION V. — *Art. 28.* — Le rapporteur de la sous-commission du canton Ouest maintient les trois premiers alinéas de l'art. 28 des anciens Usages, et y ajoute notre art. 28. Il ne tient aucun compte de l'art. 29 proposé par la Chambre, lequel avait pour but de donner satisfaction, tout en respectant les droits du propriétaire, à des desiderata souvent exprimés par certains fermiers dont l'activité et l'industrie étaient paralysées par les anciens Usages. M⁰ Ramard remplace notre article par l'art. 29 dont le premier alinéa est une charge considérable pour le fermier, qui, aux termes dudit alinéa, plante « *tous* » les arbres fruitiers fournis par le propriétaire. Qui peut assurer que celui-ci n'en abusera pas ?....

SECTION VII. — *Art. 38.* — Rédaction et additions adoptées par M⁰ Ramard, qui reprend l'art. 39 des anciens Usages dont les Experts avaient supprimé la fin, à partir de « *s'il est entré avant l'année 1843, etc....* »

Art. 42. — M⁰ Ramard supprime l'addition faite par les Experts : « **Nul ne peut se dérober de faire l'ensemencé à sa sortie.** » Certains mauvais vouloirs constatés plus d'une fois chez des fermiers peu consciencieux justifiaient cette adjonction.

Art. 45. — C'est l'ancien article qui est suivi par le rapporteur. Tous les agriculteurs sérieux trouveront comme nous la quantité de 4 mètres cubes de fumier à l'hectare complètement insuffisante et dérisoire.

L'art. 46, modifié par les Experts, est adopté par M⁰ Ramard ainsi que les *art. 49, 50, 51 et 52.*

Art. 57. — Rien ne justifie la modification apportée par M⁰ Ramard à l'art. 57, qui ne vise d'après lui que le colon partiaire dans le cas où des malversations seraient commises par celui-ci ; l'ancien article, maintenu par les Experts, s'appliquait aussi bien au fermier qu'au colon.

L'art. 62, proposé par les Experts, est supprimé

par M⁰ Ramard qui, dans l'art. 63, adopte l'indemnité de 20 francs fixée par ceux-ci.

CHAPITRE II

Par son *art. 69*, qui correspond à l'art. 70 du travail des Experts, M⁰ Ramard, s'écartant de l'ancien article maintenu par notre Chambre, aggrave singulièrement les charges du fermier en reportant d'une année sur l'autre toutes les faisances et redevances. Qu'un fermier, qui, par son bail, doit comme redevances à son propriétaire deux oies grasses ou cinq poulets, n'ait pas, pour une raison quelconque, satisfait à cette obligation pendant les neuf années de sa jouissance, devra-t-il d'un seul coup, sur réquisition de son propriétaire, lui donner ces dix-huit oies ou ces cinquante poulets? C'est à quoi un fermier sera exposé si l'on s'en tient à la lettre de l'article de M⁰ Ramard.

CHAPITRE IV

Art. 85 (art. 86 du travail des Experts). — M⁰ Ramard, suivant les anciens Usages, ne porte qu'à six mois pour les terres volantes le délai qui doit précéder la signification du congé pour époque de 1ᵉʳ novembre ou de 23 avril. S'il a été reconnu que six mois étaient insuffisants pour signifier un congé lorsqu'il s'agit d'une ferme, à plus forte raison ce délai doit-il être augmenté lorsqu'il s'agit de pièces de terres volantes qui doivent être laissées libres et sans ensemencé au moment de la sortie du fermier, afin que celui-ci puisse jouir jusqu'à la fin de sa location sans être exposé à des pertes de semailles ou de récolte.

CHAPITRE VI

Art. 101 et 102 (art. 102 et 103 du travail des Experts). — Il y a communauté de vues entre Mᵉ Ramard et les Experts. Mᵉ Ramard supprime le 23 avril, et prévoit dans l'art. 102 le cas de décès, probablement des animaux.

Article 55.

C'est à dessein que nous terminons cette étude par l'article 55 qui, de la part de Mᵉ Ramard, après Mᵉ Avril et Mᵉ Thuau, a fait l'objet d'une longue dissertation. La Chambre des Experts, dans ses observations au rapport de Mᵉ Avril, présentées le 15 septembre 1901, a fait ressortir tous les avantages qui résultaient de cet usage, spécial si l'on veut à l'arrondissement de Laval, mais dont ne se sont jamais plaint sérieusement les principaux intéressés, nous voulons dire les fermiers ou métayers : avantages pour le fermier entrant de trouver sans frais ni déplacement sa ferme garnie des animaux nécessaires à l'exploitation; sécurité contre les accidents à redouter surtout pour les chevaux lorsqu'ils ne sont pas habitués à vivre ensemble; garantie du propriétaire, etc.

Nos braves cultivateurs de l'arrondissement de Laval sauront infiniment gré à Mᵉ Ramard d'avoir, comme « un *Don Quichotte* », pris si chaudement leur défense. Mais combien sera grande leur désillusion lorsqu'ils s'apercevront, au risque de passer pour des « *pauvres d'esprit* », que toute cette campagne menée par le secrétaire de la sous-commission contre les Experts qu'il a « *entendu maudire* », et pour laquelle, dans l'intérêt de sa cause, il évoque, bien inutilement d'ailleurs, le spectre « *de servage régional* », « *de droit féodal* », parle « de *complot, de la sueur et du sang dont le fermier arroserait la terre,* etc., » toute cette campagne, disons-nous, cache un but, qui est la suppression de l'article 55 au profit de MM. les Notaires et des Officiers ministériels.

D'après M° Ramard, les Experts ne peuvent travailler gratuitement; c'est vrai; mais MM. les Notaires sont-ils donc plus désintéressés? Prenons l'exemple de M° Ramard : Pour une prisée de 5.000 francs, les Experts auront droit à des honoraires *qui ne pourront dépasser* **30 francs.**

Que coûtera au fermier une vente publique du même chiffre faite par le ministère d'un notaire?

```
Au notaire, honoraires 6/0 . . . . . . . .   300 fr.
Enregistrement, 2,50 0/0 . . . . . . . . .   125
Au crieur, de 2 à 5 0/0 suivant la con-
trée, soit au minimum. . . . . . . . . . .   100
(Certains crieurs, dit-on, taxent les ache-
teurs d'une façon véritablement scanda-
leuse.)
Frais de timbre, déclaration de vente,
affiches, publicité, etc., au moins . . . . .   50
                                             ————
                        Ensemble. . . . .    575 fr.
```

575 francs, non compris les frais de décharge de vente, soit donc de 12 à 13 0/0 de frais. Et qui supportera tous ces frais? Ce sera le fermier, qu'il soit acheteur ou vendeur. On voit par cette comparaison de quel côté se trouvent les véritables intérêts des fermiers.

Du reste rien n'est moins certain, et l'expérience est là pour attester le contraire, qu'une vente publique rapporte « *un bénéfice de 10 à 20 0/0* » au fermier qui la fait, même en accordant un crédit de trois à six mois aux adjudicataires, tout en courant le risque de pertes plus ou moins éventuelles par défaut de paiement, lesquels risques ils laissent à la charge des vendeurs.

Une vente publique faite au comptant sera toujours moins avantageuse qu'une cession réglée par expertise, si le fermier est forcé de donner ses bestiaux pour le prix qu'il en trouve, tandis qu'en cas de prisée il a toujours le droit, sans même plaider, de recourir à une tierce expertise dont les frais ne seront pas plus élevés que ceux de la première.

Dira-t-on que l'art. 55 met le fermier de notre arrondissement dans une situation inférieure vis-à-vis de ceux des autres arrondissements, et qu'il faut attribuer à son application les insuccès relatifs de notre région dans les Concours agricoles ? Rien n'est plus faux, et les agronomes compétents savent fort bien qu'il existe d'autres causes à ces prétendus insuccès. Du reste, l'art. 55 avait sagement défendu la liberté des fermiers puisqu'il excluait les mâles destinés à la reproduction et les animaux d'une valeur exceptionnelle, c'est-à-dire ceux pouvant « *affronter la lutte des concours* ».

Conclusions.

En résumé, par cette étude aussi modérée que possible, la Chambre des Experts de l'arrondissement de Laval a voulu démontrer, en se permettant de mettre M⁰ Ramard en contradiction avec lui-même, qu'elle n'était pas seule « à *légiférer* » ; que les modifications proposées par elle ont paru désirables puisque M⁰ Ramard se les a, en grande partie, appropriées, et qu'en définitif le désaccord ne porte que sur l'art 55, article que les Experts ont purement et simplement maintenu tel qu'il existait dans les anciens Usages :

estimant que les membres des commissions qui ont siégé en 1858 avaient leurs raisons, et de bonnes raisons, pour maintenir, eux aussi, ce qui existait déjà bien avant 1843, comme on peut s'en assurer en consultant les Usages des deux cantons de Laval qui datent de cette époque.

Nous lisons, en effet, en tête de l'édition de 1843 l'observation suivante : « L'existence de ces Usages ruraux ayant été constatée non seulement dans les réunions des membres du Comice agricole de Laval, mais encore dans des séances auxquelles assistaient un grand nombre de Juges de paix et d'Experts de notre arrondissement convoqués pour cet objet, il y a lieu de penser qu'ils seront suivis dans la majeure partie des cantons de l'arrondissement de Laval. »

Qu'est-il besoin d'insister davantage ; si, nous le répétons, Messieurs les Notaires et Officiers ministériels tiennent tant à la suppression de l'art. 55, c'est qu'ils savent mieux que personne que cette suppression aurait pour effet, dans bien des cas, d'obliger les fermiers à vendre leurs bestiaux aux enchères publiques, par leur ministère, dans les conditions indiquées plus haut.

Fait et arrêté par la Chambre des Experts de l'arrondissement de Laval en son Assemblée générale du 29 avril 1902.

POUR COPIE CONFORME :

Vu, lu et approuvé :

Le Secrétaire,
CAMILLE VEILLARD.

Le Président,
H. LANDELLE.

29585 — Laval, imprimerie Chailland, rue des Béliers, 2.